Coleção Dramaturgia

MATÉI
VISNIEC

Biblioteca teatral

Impresso no Brasil, julho de 2012

Título original: *Le Mot Progrès dans la Bouche de ma Mère Sonnait Terriblement Faux*
Copyright © Lansman Editeur

Os direitos desta edição pertencem a
É Realizações Editora, Livraria e Distribuidora Ltda.
Caixa Postal: 45321 · 04010 970 · São Paulo SP
Telefax: (5511) 5572 5363
e@erealizacoes.com.br · www.erealizacoes.com.br

Editor
Edson Manoel de Oliveira Filho

Gerente editorial
Gabriela Trevisan

Preparação de texto
Marcio Honorio de Godoy

Revisão
Danielle Mendes Sales e Liliana Cruz

Capa e projeto gráfico
Mauricio Nisi Gonçalves / Estúdio É

Pré-impressão e impressão
Gráfica Vida & Consciência

Reservados todos os direitos desta obra. Proibida toda e qualquer reprodução desta edição por qualquer meio ou forma, seja ela eletrônica ou mecânica, fotocópia, gravação ou qualquer outro meio de reprodução, sem permissão expressa do editor.

A Palavra Progresso na Boca de Minha Mãe SOAVA TERRIVELMENTE Falsa

MATÉI Visniec

TRADUÇÃO: LUIZA JATOBÁ

Realizações
Editora

Esta peça foi encomendada pelo Teatro Nacional de Craiova, Romênia, dentro de um projeto iniciado pela Convenção Teatral Europeia intitulado "Teatro da Europa, espelho das populações deslocadas".

Criações:

- Teatro Nacional de Craiova, Romênia, 2005, direção de Serban Puiu.

- Martin E. Segal Theater Center de Nova York, Estados Unidos, 2006, direção de Ian Morgan.

- Teatro Amalia de Tessalônica, Grécia, 2007, direção de Ersi Vasilikioti.

A peça foi lida em junho de 2007 no Théâtre du Rond Point des Champs-Elysées, no contexto dos "Mardi Midi", versão púlpito de Jean-Luc Paliès.

AS PERSONAGENS

VIBKO, *o Filho*

STANKO

O MILICIANO, *Kokaï*

OS REFUGIADOS

UM VELHO

O PAI, *Vigan*

A MÃE, *Yaminska*

O NOVO VIZINHO, *Yrvan*

PRALIC, *soldado sérvio da Segunda Guerra Mundial*

AS MULHERES DE NEGRO

A VELHA LOUCA, *Mirka*

A FILHA, *Ida, irmã de Vibko*

O TIPO, *cafetão*

O SENHOR

O TRAVESTI, *Caroline*

FRANTZ, *soldado alemão da Segunda Guerra Mundial*

O TIPO SEMPRE SORRIDENTE

A PATROA

Vários papéis podem ser desempenhados por um mesmo ator.

Distribuição mínima: duas mulheres e três homens.

O sinal /// significa "um tempo", "uma pausa".

Vibko e Stanko. Os dois homens escondidos de um lado e de outro numa espécie de terra de ninguém, talvez uma rua deserta que separa dois campos em guerra.

VIBKO (*gritando*)**:** Stanko! /// Stanko, filho da puta! Você está me escutando? /// Vai, filho da puta, responde. Sei muito bem que você está me escutando. /// Mas, porra, responde aí, não posso passar o dia inteiro aqui! Você está me escutando ou não?

STANKO (*gritando*)**:** Estou.

VIBKO: Você tá vivo, seu filho da puta?

STANKO: Estou.

VIBKO: Ainda não te fritaram a massa cinzenta?

STANKO: Não.

VIBKO: Tipo mais cuzão. Você tá com os dias contados, seu babaca! Não demora muito, vão te cortar em pedacinhos, você e todos os cuzões da sua laia. Você está me escutando?

STANKO: Estou.

VIBKO: Você está me escutando e não diz nada?

STANKO: Digo que você é um lixo e um cão raivoso, e um dia você vai engolir a própria língua.

VIBKO: Ontem, foi você que atirou em mim?

STANKO: Foi.

VIBKO: E você sabia que era eu?

STANKO: Sabia.

VIBKO: Você sabia que era eu e mesmo assim atirou na minha direção?

STANKO: Atirei e da próxima vez vou estourar seus miolos, me aguarde.

VIBKO: Coisa podre! Você ainda tem o que comer aí? Tem um cheiro de podridão que vem daí... Logo mais você vai comer sua própria merda, você e os outros filhos da puta. Quando dá um vento por aí a gente sente cheiro de merda. Você já começou a comer merda por aí? Stanko, você está me escutando?

STANKO: Tô.

VIBKO: Eu te fiz uma pergunta.

STANKO: Vá se foder.

VIBKO: Me diz uma coisa, filho da puta, a minha irmã deu à luz?

STANKO: Deu.

VIBKO: Quando?

STANKO: Esta noite.

VIBKO: Deu tudo certo?

STANKO: Deu. E saiba que tenho um garoto, sua besta.

VIBKO (*riso involuntário sincero*)**:** Um menino!

STANKO: Isso mesmo. E saiba que vamos lhe dar o seu nome, seu desclassificado.

VIBKO: Ah, não! Eu não quero!

STANKO: Vamos sim, idiota. Vamos chamá-lo de Vibko, sim. Para nós, você já está morto mesmo, então nós vamos chamá-lo Vibko para que a família se lembre de Vibko, o imbecil que já está morto.

VIBKO: De todo jeito, tô nem aí.

STANKO: Muito bem. Vá se foder.

VIBKO: Minha maninha ainda está no hospital?

STANKO: Não, ela pariu em casa.

VIBKO: Bem, escuta aqui, seu coitado... Vou te mandar um pequeno embrulho. Tem açúcar e leite em pó. Você vai entregar para Ida. Você está me escutando?

STANKO: Ninguém precisa do teu açúcar nem do teu pó. Pode se empanturrar sozinho.

VIBKO: Escuta aqui, seu fedelho... Você faz o que eu

te digo, você me entende? Sou eu o chefe da família! Estou te mandando um aí no meio... Você está me escutando? E porque você fede a merda, eu coloquei um maço de Marlboro. Para você, *son of a bitch*. Vai fumar e vai pensando... que um dia desses vou te alojar uma bala na cabeça. Tudo bem?

STANKO: Passa o pacote.

(*Com a ajuda de uma vara, Vibko empurra o pacote no meio da rua. Com a ajuda de outra vara com um gancho, Stanko puxa o pacote para o outro lado da rua.*)

VIBKO: Você pegou?

STANKO: Sim.

VIBKO: Você dá isso para minha irmã, tá certo?

STANKO (*que acende um cigarro*)**:** Sim.

VIBKO: E me diz se ela precisa de alguma outra coisa.

STANKO (*assopra com voluptuosidade a fumaça*)**:** A gente não precisa de nada... Temos tudo que precisamos.

VIBKO: Cara mais fumador...

STANKO: Doido.

(*Alguns momentos de silêncio. Em seguida, alguém se põe a tocar gaita, seja do lado direito, seja do lado esquerdo da rua.*)

O miliciano diante de um grupo de refugiados, na fronteira.

O MILICIANO: Podem avançar... Podem chegar até a linha branca... Mais um passo! Parem! Fiquem todos atrás da linha branca... Coloquem suas coisas no chão... As malas e as bolsas no chão... Isso... Cuidado! Mostrem os documentos!

(*Os refugiados mostram seus passaportes e seus papéis de identidade. Sem pressa. O miliciano recolhe todos os documentos.*)

Bom... Abram as malas e as bolsas... Vão esvaziando esses bolsos... Vão colocando aí em frente no chão tudo o que tem nesses bolsos... Se vocês esconderem alguma coisa da gente, vocês estão fritos.

(*Ele revista as malas e os objetos colocados no chão.*)

Bom... Escutem bem... Olhem bem nos meus olhos... O país que recebe vocês hoje não é mais o mesmo... Essa terra que vocês pisam com os pés, hoje, está encharcada de sangue de nossos heróis. Isso não tem nada a ver com o país que vocês deixaram há alguns anos. Esse país, hoje, é livre, independente e orgulhoso! Sei bem que entre vocês há alguns que não queriam que esse país fosse livre, independente e orgulhoso! Mas não damos a mínima! Esse país para o qual meus camaradas e eu demos nosso sangue agora está mais forte. E é por isso que deixamos vocês voltarem. Porque não temos medo de vocês. Mesmo sabendo que vocês ou alguns de vocês não queriam ver esse país livre, independente e orgulhoso, nós, a gente perdoa vocês... Esse país novo vos perdoa, pois ele é generoso... É por isso que esse país dá permissão para vocês voltarem para casa. É por isso que esse país agora lhes dá permissão para atravessar sua nova fronteira... Já que este país tem agora uma verdadeira fronteira, que é esta linha branca... Esse lugar traçado com o nosso sangue é um lugar sagrado... Compreenderam bem? Não estou escutando nada.

OS REFUGIADOS: Sim...

O MILICIANO: Ponham bem isso dentro das suas cabeças, vocês agora estão atravessando uma fronteira sagrada, uma fronteira santa, que vocês têm o dever de respeitar e de amar... (*Ele se aproxima de um velhinho.*) Me diz aí, vovô, o que é que a gente faz quando chega em casa depois de uma longa ausência? Hein? A gente beija o chão da nossa pátria, é isso que a gente faz... Vamos lá, bando de traidores, quero ver como vocês beijam a terra da pátria que aceita vocês de novo...

(*Os refugiados ficam de joelhos e beijam a terra.*)

Vamo lá, vamo lá, mostrem para mim que vocês amam este novo país... Quero ver como vocês amam esta nova fronteira... Beijem, bando de porcos, beijem esta fronteira que vocês não queriam... Execução!

(*As pessoas ficam ajoelhadas.*)

Bem, esperando a chegada dos alfandegários, vamos aprender, todos juntos, uma canção... Este país que os acolhe com tanta generosidade tem um novo hino nacional... E tenho certeza que vocês querem aprender, não é mesmo? Me diga, vovô, não é mesmo que você quer aprender o novo hino nacional do país?

O VELHO: Sim.

O MILICIANO: Bem, vamos lá, cantem comigo...

> Somos um país livre...
> Somos um povo orgulhoso...
> O sangue derramado por nossos ancestrais
> É nossa liberdade e nosso orgulho...

Na casa queimada. A mãe, o pai e o filho.

O FILHO: Bom dia. /// Estou cumprimentando vocês e vocês não me respondem. Por quê?

///

Bom dia. /// Quando alguém dá bom-dia, tem que responder. Desde a manhã que eu não paro de dizer bom-dia e vocês não me respondem...

///

Bom dia. /// Desde que vocês voltaram esta manhã, vocês não me olharam uma só vez. Vocês não me dirigiram uma só palavra.

///

Bom dia. /// Eu não estou pedindo para conversarem comigo, mas fico triste de ficar falando bom-dia. E de ver que vocês não querem me responder.

Vocês fingem que não me escutam.

Vocês fingem não me ver e isso começa a me irritar. O que é que eu fiz para vocês ficarem assim contra mim?

De verdade, não tem sentido ficar contra mim. Quantas vezes eu vou ter que repetir isso?

///

Bom dia. /// De verdade, eu nem sei o que pensar. Vocês sabiam muito bem que eu ia ficar esperando aqui em casa. Já faz três anos que espero.

Mãe.

Pai.

Vamos lá. Falem alguma coisa, qualquer coisa que seja, afinal sou filho de vocês. E a casa não está completamente queimada, a gente vai sair dessa.

4

O pai corta a madeira. O filho dá voltas ao redor do pai.

O FILHO: O que ela tem? Por que ela nunca me escuta, como se eu não existisse?

Às vezes, fico falando durante horas e horas, mas ela não me escuta, ela não me olha, ela não chora. Nem isso.

Você, pelo menos, quando estamos sós, no quintal ou na floresta. Você me fala em voz alta. Mesmo que você também não me olhe nunca.

///

Mas ela, pode-se dizer que sua alma se tornou uma grande pedra. É isso, aliás, o que mais me entristece. E eu vou dizer para ela. Sim, acho que tenho o direito de dizer isso para ela. Isso não é uma repreensão, mas assim também...

Vou falar para ela "chora aí".

Vou dizer para ela "se você está com vontade de chorar, chora, não é porque eu estou aqui que você não pode chorar".

Mas ela não consegue chorar, é algo que não vem, ela está *bloqueada*, como se diz, e isso me dá pena.

E às vezes fico louco de raiva.

Você também deveria dizer para ela fazer um esforço. Você tem que falar seriamente com ela, assim, "mas faça um esforço, tire essa trava, você é mãe dele, você é uma mãe, então chora".

Aqui nessa terra, mãe foi feita para isso. No geral, mãe chora fácil, toda mãe, então por que ela não chora?

Na verdade, meu pai, você precisa cuidar dela. É fundamental que ela comece a chorar. Isso alivia e a gente pode começar a falar de novo.

Na casa queimada, a mãe e o pai, à mesa.
Imóveis, olhando para o nada.

A MÃE: Vá dar uma volta na cidade.

O PAI: Está um cheiro horrível no quintal.

A MÃE: Vá a um bar.

O PAI: Não sei o que é...

A MÃE: Vá beber um pouco lá no bar da cidade.

///

O PAI: Por quê?

A MÃE: Para dizer bom-dia.

O PAI: Não tenho vontade de dizer bom-dia a ninguém.

A MÃE: É um direito seu.

O PAI: A madeira está podre. Nem imagino como conseguiu apodrecer desse jeito. Não vai dar para nos aquecer com ela.

///

A MÃE: Ele não está longe. Eu o sinto. /// Ele não está longe e está sozinho. /// Eles o enterraram correndo. /// Tenho certeza. Eu sinto isso. /// Vá beber um pouco lá no bar da cidade.

O PAI: Não tenho vontade.

A MÃE: Antes você tinha vontade.

O PAI: Não tenho vontade, *agora*, de ir ao bar da cidade.

A MÃE: Mas você vai ter que ir assim mesmo.

O PAI: Eu tenho é que ir buscar madeira seca na floresta. Senão a gente vai congelar daqui a alguns dias.

A MÃE: De noite, todos os homens vão ao bistrô.

///

O PAI: De todo modo, ninguém vai me dizer nada.

A MÃE: Talvez não imediatamente. Mas eles sabem onde ele está.

O PAI: Eles não vão me dizer nada nunca.

A MÃE: Vão sim. Um dia, vai aparecer alguém que vai começar a falar. É só começar a beber com eles um pouco todas as noites. Você deve começar a pagar uma rodada de bebida de vez em quando.

O PAI: Não temos muito dinheiro.

A MÃE: Vamos vender um pedaço de jardim.

(*No quintal, alguém se põe a tocar a gaita.*)

O pai e o filho à mesa. A mãe traz os pratos.
Põe um prato na frente do filho. Como a mesa é
ligeiramente inclinada, o prato desliza suavemente,
cai no chão e se quebra.

O FILHO: Não entendo como vocês podem ficar aqui, nessa calma toda, enquanto esse pobre cachorro berra dentro do poço. Eu, eu não suporto mais ouvir ele latindo desse jeito. Como é que vocês fazem para suportar? Ou talvez vocês nem o escutem? Como fazer para não escutar?

(*Ele cobre as orelhas. A mãe recolhe os três ou quatro pedaços do prato quebrado e os coloca na frente do filho. Os pedaços caem por terra.*)

O FILHO: Isso me deixa louco, esse cachorro que não para de latir. Ele late assim dia e noite. Dia e noite! Eu o escuto o tempo todo. Já tentei me esconder no porão, mas continuo escutando... Mesmo quando me afasto de casa, eu o escuto. Mesmo quando me embrenho dentro da floresta, eu o escuto. A floresta é cheia de buracos, há pessoas que fazem buracos por todo lado, eu me escondo nos buracos, mas não deixo de escutar. Mesmo se me enterro na camada de folhas mortas, eu continuo escutando.

Olha aqui como minhas orelhas estão sangrando por causa dos gritos. Faz três anos que ele não para de berrar assim. É estranho vocês não escutarem.

Aliás, observei que ninguém o escuta na cidade. Só eu que me sinto incomodado com ele. E ele nunca se cansa. Eu diria mesmo que quanto mais o tempo passa, mais ele tem forças para latir, berrar e gemer. Eu juro. Ele não dorme nunca. Como eu, aliás. Mas eu pelo menos não faço mal a ninguém...

Pai, você precisa fazer alguma coisa. Você bem sabe que não posso tirá-lo de lá sozinho. E não podemos deixar a coisa como está. Tire-o de lá para ele parar de latir.

O pai no quintal. O novo vizinho.

O NOVO VIZINHO: Olá! Bom dia, camarada! Ah!Ah!...

O PAI: Bom dia...

O NOVO VIZINHO: Você não me conhece... É normal... Eu não sou daqui, eu sou de Pratograd. Me chamo Yrvan. Só faz dois anos que moro aqui. Comprei a casa da frente. Hoje, somos vizinhos... Vejo que você voltou. É bom. É muito bom. Rezo sempre para que continue assim. Já foram muitos mortos. Muitos mortos por nada. E é uma pena. É pena porque somos todos irmãos. Diante de Deus, somos todos irmãos. É pena que todos esqueceram disso. Nunca se deve esquecer disso. Está tudo bem? Você precisa de alguma coisa?

O PAI: Não.

O NOVO VIZINHO: Você tem sorte. A casa não está totalmente queimada. Há outras que ficaram completamente... Só cinzas... É bem triste... Mas você, você teve sorte... A sala grande de baixo ainda está em bom estado... Só precisa comprar janelas novas... E portas, é claro... Vocês não ficam com muito frio à noite?

O PAI: Não...

O NOVO VIZINHO: Abri uma oficina de carro. Conserto carros. De todas as marcas. Se der pane no carro, pode me procurar. Estou aqui em frente. Tenho peças de troca de todas as marcas de carros. E vendo também. Para você, faço um preço bom. Esse seu carro aí, é o que, é um Lada?

O PAI: Sim.

O NOVO VIZINHO: Ele ainda está firme? Muito bem. Tenho peças de troca para o Lada. Se ele der algum problema, é só me chamar... Ou se você precisar de gasolina... Aliás, vou abrir um pequeno posto de gasolina... Bem do lado da oficina... Como a fronteira agora passa praticamente dentro de nossos jardins, é bom... Vai ser o primeiro posto de gasolina exatamente depois da fronteira... Tem tanto carro agora... Despejaram aqui todas as carcaças da Alemanha e da Itália... Só fazem cuspir fumaça e acordar os mortos com seu barulho... Hahaha... A propósito, tem um cheiro terrível que vem daí... Deve vir do seu poço...

A mãe só, dando voltas pela sala.

A MÃE: Por que você me faz essas coisas, Vibko? Por que você se esconde, meu filho? Vibko, onde você se esconde? Por que você se esconde embaixo da terra?

Você nunca se escondeu debaixo da terra quando era pequeno. Por que você faz isso *agora*?

Você tem medo de que, Vibko?

Me diga, meu filho, por que você não fala mais comigo? Você sempre falou comigo, por que agora você não quer mais falar?

Por que você não quer mais falar com a sua mãe? /// Por que você não quer mais falar comigo, logo eu, que sou sua mãe?

(*O pai entra. Senta à mesa. Ao marido.*)

Por que você não diz nada? /// Fala para ele falar comigo.

O PAI: Fale com sua mãe.

(*A mãe traz três pratos. Ela põe o primeiro prato na mesa, em frente da cadeira vazia do filho.*)

A MÃE: Você sempre falou comigo, Vibko, meu filho. Por que você não fala mais comigo agora? Será que a terra está muito pesada para você? Tem terra demais onde você está? Será que ela te pesa, essa terra onde você se escondeu, essa terra onde você se enfiou? Você não pode mais abrir a boca por causa de toda essa terra, meu filho? É isso? (*Ao marido.*) Por que você não fala nada? Pergunte a ele, que nos diga onde está.

O PAI: Diga à sua mãe onde você está, meu filho.

A MÃE: Diga onde você está e a gente vai buscar você. Diga onde você está e a gente vai te desenterrar. A gente vai te trazer de volta para casa. Assim você vai poder descansar. Você vai dormir aqui em casa. (*Ao pai.*) Diga que a casa não está completamente queimada.

O PAI: Você vai descansar na sala grande lá de baixo. Só enquanto eu conserto o telhado.

A MÃE: Diga que você já começou a consertar o telhado.

O PAI: Sim.

A MÃE: Diga que a gente escuta um cachorro que late à noite no quintal.

O PAI: Tem um cachorro que late à noite no quintal.

A MÃE: Ele late das entranhas da terra. Diga-lhe que eu o escuto. E que vou alimentá-lo. Diga-lhe que vou alimentar seu cachorro... Ele não deve se preocupar com isso... Nem com a casa... (*Bruscamente ela se dirige diretamente ao filho ausente.*) Roubaram tudo aqui de casa, Vibko. Roubaram até o assoalho... Até as portas e janelas... Mas não faz mal. Tudo que a gente quer agora é encontrar você. É que você fale conosco. Você poderia muito bem descansar um tempo no salão de baixo e assim que a gente terminar o telhado você pode voltar para o seu quarto. Você está me ouvindo, Vibko? /// Responda à sua mãe, Vibko, não me deixe falando assim. Você está com fome? (*Ao marido.*) Pergunte a ele se ele está com fome.

O PAI: Você está com fome, Vibko?

A MÃE: Você quer comer algo? Eu preparei para você berinjelas grelhadas. Você sempre adorou berinjelas grelhadas. Aqui, coma.

(*Ela enche o prato do filho ausente. No quintal, alguém começa a tocar gaita.*)

A mãe e o pai à mesa. O filho entra e se senta ao lado deles.

O FILHO: Olha só, ela está chateada demais comigo para chorar. Ela está tão magoada comigo que, mesmo à mesa, ela me enche o prato sem me olhar. Mas mesmo assim fico feliz de ver que ela não esquece jamais de colocar um terceiro prato na mesa para mim, o meu prato. Mesmo se ela está magoada, tenho sempre na mesa um prato para mim, os talheres e um copo d'água.

(*A mãe senta, também, à mesa. Fica imóvel e olha para o vazio.*)

E depois, ela sempre me serve primeiro.

Sempre sem me olhar, sem me dirigir a palavra. Ela sempre me serve primeiro. E ela me serve água. Ela faz, na verdade, como sempre, como se nada tivesse acontecido. Mas depois de ter me servido, a mim, ela já não tem mais forças para servir meu pai.

Meu pai, ele se serve sozinho e se serve de água sozinho.

(*A mãe coloca um prato na mesa em frente do filho. O prato desliza suavemente e cai no chão, onde se quebra em diversos pedaços. Todos os três ficam por um tempo imóveis, olhando para o nada.*)

Faz três dias que estamos sentados todos os três em volta da mesa. Às vezes acontece de ter, assim, longos momentos de silêncio.

///

Ficamos assim, durante horas e horas, todos os três, silenciosos e imóveis, em volta da mesa.

Minha mãe não come nem bebe.

Nem eu, desde que me encontro nesse estado estranho, não tenho muita vontade nem de comer, nem de beber. Só o meu pai é que, de vez em quando, vira um copo cheio de *slibowitza* de um só trago.

(*O pai tira do interior de seu paletó uma garrafa de* slibowitza *e enche o copo.*)

A MÃE: Onde você comprou?

O PAI: No armazém.

A MÃE: No Znorko?

O PAI: Sim.

A MÃE: E ele não te perguntou nada?

O PAI: Não.

A MÃE: Mas ele sabia muito bem que era você.

O PAI: Sim.

A MÃE: Ele perguntou se eu tinha voltado, eu também, com você?

O PAI: Não.

A MÃE: Tinha muita gente?

O PAI: Não.

A MÃE: Você deu a mão para ele?

O PAI: Sim.

A MÃE: E ele te deu a mão?

O PAI: Sim.

A MÃE: Ele te olhou nos olhos?

O PAI: Não.

(*O pai bebe o copo, de um trago.*)

A MÃE: A casa fede a mijo e a bosta de cachorro. Ela deve ter sido habitada por cachorros. Aliás, há cachorros perdidos que ainda vagam em volta da casa. Veja só você, a gente voltou e eles não estão nem aí. À noite voltam. Aproximam-se furtivamente da casa e urinam nos muros. Precisa consertar o portão. Não suporto mais esses cães errantes que andam de lá para cá no quintal. Sobretudo na hora que eles se juntam em volta do poço. Que é que eles estão procurando todos juntos lá? De todo modo, o poço está cheio de lixo. Parece que durante esses três anos todo o mundo dessa cidade jogou seu lixo no nosso poço. Precisa limpar o poço. A gente precisa voltar a beber a água desse poço.

O pai limpa o poço. Objetos espalhados em volta do poço.
O novo vizinho chega.

O NOVO VIZINHO: Você achou tudo isso dentro do poço?

O PAI: Sim.

O NOVO VIZINHO: Eles são loucos. Eles são loucos, esse pessoal. Joga tudo no poço... Para mim, poço é uma coisa sagrada... Como assim jogar lixo no poço? Eu também, assim que comprei a casa, encontrei o poço abarrotado de detritos... Saindo para fora mesmo... Virou o buraco de lixo do mundo e fedia horrivelmente... Tinha até carcaça de animal... Mas não tive coragem de limpar. Preferi jogar ácido e depois cobrir com uma camada bem grossa de cimento. E aí, mandei fazer outro poço atrás da casa. Um poço limpo. Se você precisar de uma ajudinha é só me avisar. Ou se você precisar de algumas ferramentas... Vendo também motores elétricos... Se você precisar, venha me procurar... Vendo também carrinhos de mão, mas estou vendo que você já tem um...

///

Bem, escute aqui, o que eu queria dizer para você é que eu não estava aqui quando mataram seu filho. Eu não tenho nada a ver com isso. Tem só dois anos que vim para cá. Você está me escutando?

O PAI: Tô.

O NOVO VIZINHO: Quando comprei a casa de frente, a sua casa já estava nesse estado... Estava vazia e o telhado tinha sido queimado... Sem portas, sem janelas... É isso, eu queria te dizer isso. Queria deixar bem claro. Tudo que quero agora é tranquilidade... Você fuma?

O PAI: Sim.

O NOVO VIZINHO (*pega um maço de cigarros*)**:** Você quer um?

O PAI: Tá.

///

O NOVO VIZINHO: É bom esse cigarro, não é?

O PAI: É.

O NOVO VIZINHO: Não consigo parar. Mas, no final das contas, pra que parar? Posso dar uma olhada no poço?

O PAI: Tá.

O NOVO VIZINHO: Hum, você está bem adiantado. Já faz muitos dias que você está limpando?

O PAI: Três dias.

O NOVO VIZINHO: Você está mesmo bem adiantado. Parabéns. Para quem está fazendo sozinho... Mas se você precisar de alguma ajuda, pode me chamar... Eu mando um mecânico da minha equipe... Um ou dois... Não sai caro...

O PAI: Tá.

O NOVO VIZINHO: Mas a água pode estar podre. Acho que você não vai mais poder beber a água desse poço.

O PAI: Não sei.

O NOVO VIZINHO: Vai precisar, talvez, depois da limpeza, fazer como eu, cobrir com uma camada de cimento. Senão vai continuar o mau cheiro... Se você decidir cobrir com cimento, eu tenho. Posso te vender. Mas é preciso cobrir logo. Senão fica tudo empesteado demais. Às vezes sinto como isso ainda vem da sua casa, esse odor do poço cheio de lixo... Você enterrou o quê, ontem, atrás da casa?

O PAI: O corpo de um cachorro. Encontrei no poço. Era o cachorro do meu filho.

(*Esmaga a bituca com o pé.*)

O NOVO VIZINHO: Bem, tô indo agora. Tenho que voltar, também tenho o meu trabalho. Tenho três caras trabalhando pra mim. Mas eles não são muito confiáveis. É só eu virar as costas, começam a vagabundear. Ontem foram colher cogumelos na floresta. E encontraram isso. (*Abre a bolsa.*) Parece uma ossada humana esmagada por uma escavadora. Olha isso... Tem também uma bota e um pedaço de cinto... Quer a bolsa?

(*Deixa a bolsa e sai.*)

A mãe e o pai, sentados à mesa. No meio da mesa, como se fosse uma refeição, um monte de ossadas, a bota e um pedaço de cinto. A mãe e o pai olham fixamente para o que poderia ser os restos mortais de seu filho.

A MÃE: Não. /// Isso não é ele.

O PAI: Não sei.

A MÃE: Não é a bota dele.

O PAI: Mas, mesmo assim, ele usava botas.

A MÃE: E esse também não é o cinto dele.

O PAI: Você tem certeza?

A MÃE: Ele não usava botas assim.

O PAI: Mas ele estava usando botas.

A MÃE: Sim, mas eram pretas.

O PAI: Essa bota é preta.

///

A MÃE: Eles encontraram onde, isso aí?

O PAI: Na floresta.

A MÃE: De todo modo, isso não é ele.

O PAI: Eu não sei.

A MÃE: Ele te pediu dinheiro?

O PAI: Não.

///

A MÃE: Não, tenho certeza. Não é ele. É outra pessoa. Sinto isso. Mas ele está com certeza em algum lugar da floresta. Você tem que ir lá cavar na floresta.

O PAI: Na floresta, onde?

A MÃE: Na floresta toda. Vá cavar buracos na floresta.

O PAI: Não sei se é permitido.

A MÃE: É.

O PAI: Onde você quer que eu comece?

A MÃE: Comece do lado da clareira.

O PAI: Por que do lado da clareira? (*A mãe não responde.*) Por que do lado da clareira?

A MÃE: Encontramos os cartuchos por lá.

O PAI: Quem te disse que encontraram os cartuchos lá?

(*A mãe não responde.*) E se alguém vier me perguntar por que estou cavando buracos na floresta, eu digo o quê?

A MÃE: Você diz que está cavando um poço. Você diz que nosso poço está infestado de lixo *deles* e que você busca água.

O PAI: Ninguém vai acreditar que procuro água.

A MÃE: Todo mundo tem o direito de cavar um poço na floresta. E, de todo jeito, nessa floresta nunca teve poço nenhum. Se alguém vier te perguntar por que você cava um poço na floresta, você diz assim. Porque nunca teve poço nessa floresta e pronto. E *agora*, que você voltou para casa, você acha que é bom cavar um poço na floresta. Assim, as pessoas que passarem na floresta e que estiverem com sede poderão beber água fresca.

O PAI: Água, a gente encontra na cidade.

A MÃE: Você diz que a água da cidade é muito ruim. Ou então você diz que você é louco e que *agora* você deu para cavar poços na floresta. Você também pode ir cavar de noite, se você quiser. Assim todo mundo verá que você é louco.

///

O PAI: Eu poderia passar anos cavando buracos assim...

A MÃE: Não. Você tem que cavar, cavar até você encontrar os ossos. Ou até que as pessoas comecem a falar...

(*No pátio, alguém começa a tocar gaita.*)

12

O filho entra, seguido de Pralic vestido de uniforme militar.

O FILHO: Faz três dias que vocês estão sentados à mesa. A sopa está fria, o pão ficou duro, o vinho virou vinagre. Já tem uma fina camada de poeira que cobre os pratos, os talheres, os copos...

Vocês não têm mesmo fome, pelo que vejo. Vocês só ficaram olhando, já faz três dias, essas ossadas que não têm mais forma nem odor. Parecem pedrinhas. Vocês ficam olhando pedrinhas humanas, essa caixa e esse pedaço de cinto de couro.

Na verdade, mãe, você não vai se deixar enganar por um vendedor de ossadas. Você sabe muito bem que não sou eu, isso aí.

Sim, eu entendo, você gostaria muito que *isso* fosse eu, e que *isso* termine logo. Mas como *isso* não te dá mesmo vontade de chorar, então você duvida...

Aproxime-se, Pralic.

Ele é o Pralic. Ele é de Belgrado. Ele é sérvio. Cumprimente meus pais, Pralic.

PRALIC: Bom dia.

O FILHO: Olha aí esses ossos quebrados, essa bota e esse pedaço de cinto, é tudo que resta do pobre Pralic. Não é verdade, Pralic?

PRALIC: É verdade.

O FILHO: Sua mãe ainda é viva?

PRALIC: Não. É minha irmãzinha que ainda vive em Belgrado.

O FILHO: Olha aí, sua irmãzinha ainda vive em Belgrado. Pai, mãe, eu convidei o Pralic para comer com a gente. Podemos sentar? /// Pegue uma cadeira, Pralic. Venha, sente do meu lado.

PRALIC: Não quero atrapalhar.

O FILHO: Quando é que você foi morto, Pralic?

PRALIC: Em 1941. Por um *Stuka*.[1]

O FILHO: Olha só, ele estava com Tito e os alemães o bombardearam.

PRALIC (*muito infantil, imitando um avião*): Era voo de pique, era terrível.

O FILHO: Você conheceu Tito, garotão?

PRALIC: Sim, eu conheci Tito, eu estava o tempo todo com Tito.

---

[1] Abreviatura do alemão *Sturz-Kampfflugzeng*, avião de ataque em mergulho. Nome dado, durante a Segunda Guerra Mundial, ao avião Junker 87, bombardeiro alemão de ataque em mergulho. (N. E.)

O FILHO (*a seus pais*): Olha aí... Pralic é meu companheiro. Mas ele espera desde 1941 que seus ossos, sua bota e seu pedaço de cinto sejam enviados a sua irmã. (*A Pralic.*) Você tem o endereço de tua irmã, Pralic?

PRALIC: Tenho: Bulevar Marechal Tito, 98, Belgrado.

O FILHO: Pronto... Não se preocupe, meu pai vai se encarregar disso... (*A seus pais.*) Bem, a gente está indo agora... Olha como o dia está bonito lá fora... A primavera começou mais cedo esse ano... As cerejeiras já estão em flor... A floresta está mais verde do que nunca... E a terra está doce, embebida de água fresca... É uma boa estação para cavar buracos... Aliás, a terra se abre toda sozinha e expele sem cessar ossos e botas, fivelas e capacetes... Nós vamos dar uma volta lá pelo lado da clareira, parece que toda uma patrulha de alemães está subindo para a superfície... Olha só, venha, Pralic, vamos nos divertir com os *Fritz*. Até logo, mamãe. Até logo, papai.

O PAI: Até logo.

(*A mãe tem um sobressalto e olha longamente o pai.*)

PRALIC: Até logo.

O PAI: Até logo.

O FILHO (*balança sua coleira de cachorro*): E obrigada pelo cachorro, papai... Fico contente, agora, de passear com ele... Ele está bonzinho, agora ele não late mais... Mesmo quando vê javalis ele fica calmo...

(*O filho e Pralic saem. Escuta-se o latido de um cachorro lá fora.*)

13

A mãe está lavando várias camisas. Ela torce uma primeira camisa e estende num varal. Escuta-se, de longe, o canto de uma carpideira.

Enquanto a mãe está torcendo a segunda camisa, manchas vermelhas aparecem na primeira. Poder-se-ia dizer que o varal está impregnado de sangue ou de tinta vermelha, pois as manchas vermelhas aparecem também de imediato na segunda camisa que a mãe põe para secar.

Enquanto a mãe está torcendo a terceira camisa, uma mulher de negro faz sua aparição. Ela empurra um carrinho de mão cheio de terra. Com a ajuda de uma pá, ela cava um buraco no monte de terra contido no carrinho de mão.
A mulher de negro pega em seguida a primeira camisa manchada de sangue e a coloca no carrinho de mão. Depois ela enfia uma vela no que se tornou o túmulo da camisa no carrinho de mão.

A mulher de negro acende a vela e sai com o carrinho de mão, que se tornou um tipo de túmulo móvel.

Uma segunda mulher de negro chega com um carrinho de mão cheio de terra. O jogo recomeça. Enquanto a mãe lava e torce outras camisas, a segunda mulher de negro enterra uma camisa no seu carrinho de mão e parte.

Continua o canto da carpideira.

Duas outras mulheres de negro chegam sempre empurrando carrinhos de mão cheios de terra. O mesmo jogo recomeça. Em vez de rosto, as mulheres têm a máscara da dor, que lembra as máscaras do teatro antigo.

As mulheres de negro fazem uma fila para enterrar as camisas e em seguida partem, de alguma forma, felizes.

A MÃE: Nesse país uma mãe feliz é uma mãe que sabe onde estão enterrados seus filhos.

Uma mãe feliz é uma mãe que pode tomar conta à vontade de uma tumba e que tem certeza de que nessa tumba se encontra o corpo de seu filho, e não um cadáver encontrado ao acaso.

Uma mãe feliz é uma mãe que pode chorar o quanto quiser ao lado da tumba que abriga as ossadas de seu filho, e não de um outro qualquer.

Vejam minha prima, Vera. Ela nunca teve certeza de que os ossos que lhe haviam trazido eram mesmo do seu filho. Mas ela reconheceu perfeitamente a camisa do seu filho. Aí não havia nenhuma dúvida, era a camisa certa. E ela enterrou e ela chora de agora em diante sobre a tumba da camisa do seu filho.

Ela traz flores na tumba da camisa do seu filho. E desde algum tempo, ela nem chora tanto. Ela está aliviada, seu luto passa bem. Ela recomeçou a trabalhar. Ela começou a espaçar as visitas à tumba do seu filho. Diante da camisa. Ela só vai duas ou três vezes por semana.

(*Ao longe, ouve-se alguém tocando gaita.*)

14

O pai está cavando um buraco na floresta. O filho chega.

O FILHO: Você quer que eu te ajude?

O PAI: Não.

O FILHO: Você nunca quer que eu te ajude.

O PAI: Quero, sim.

O FILHO: É o décimo buraco que você cava. Quantos buracos você ainda vai cavar?

O PAI: Vou cavar até encontrar seus ossos.

O FILHO: Você está suando em bicas, papai. Chega por hoje.

(*O pai tira seu chapéu e enxuga o rosto.*)

O PAI: Me ajude a encontrar você, filhinho.

O FILHO: Não posso.

O PAI: Por que, filhinho?

O FILHO: Porque eu esqueci tudo.

O PAI: Como você pode esquecer *isso*? Há coisas que a gente não esquece jamais. E *isso* faz parte das coisas que a gente não deveria esquecer jamais.

O FILHO: Devo ter perdido uma parte da minha memória, pai. *Isso* se passa assim, pelo menos como eu vejo. *Isso* acontece bruscamente e *isso* faz você perder uma parte da memória.

O PAI: Olhe em volta de você. Me diga se *isso* se passou aqui.

O FILHO: Não sei de nada. Me desculpe, pai, mas nada do que vejo à minha volta me diz coisa alguma.

O PAI: Você tinha andado muito antes de acontecer *isso*?

O FILHO: Sim.

O PAI: Como é que você sabe?

O FILHO: Não sei. Toda minha memória passou para minhas botas. É louco como sinto que elas estão pesadas. Minhas botas. Sinto-as pesadas e isso me puxa para baixo. Cada vez que quero dar um passo, sinto como afundo por causa das minhas botas muito pesadas. Sim, devo ter andado muito antes que isso acontecesse. Minhas botas vão te contar tudo. Você quer que eu te ajude?

O PAI: Não.

O FILHO: Cuidado aí quando você cava, pai. Nessa floresta há várias camadas de mortos... São camadas frágeis, pai, pode ruir a qualquer momento... É como se a gente tivesse várias teias de aranha tecidas umas sobre as outras, com um monte de gente aprisionada dentro delas... Tem gente de umas trinta nacionalidades nas entranhas dessa floresta. Mas a gente se entende bem junto... Às vezes a gente começa a cantar e aí, te juro, é uma farra, ouve-se servo-croata, russo, alemão, italiano, albanês, turco, búlgaro, grego e até mesmo romeno... Nos dias de chuva ou quando a terra desmorona e as camadas se empilham, a gente se envia, para se divertir, uns presentinhos, caixas, fivelas, velhas condecorações... Logo abaixo de mim e de meus companheiros, que somos os mais recentes, há vários tipos que foram fuzilados por Tito em 1952, por desvio de conduta... É isso, porque eles tinham saído da *linha*, mas quando se pergunta "mas que linha?" eles não sabem responder... Era talvez a linha da mira... Um pouco abaixo, há uma camada de *partisans* mortos pelos alemães, encavalada com uma camada de *Fritz* mortos pelos *partisans*. Em seguida tem alguns paraquedistas ingleses e alguns italianos perdidos na época da invasão da Eslovênia em 1941. E depois, mais embaixo, tem os tipos da primeira grande guerra mundial... É uma camada mista, a gente encontra de tudo, sérvios, croatas, bósnios, austríacos, turcos... E depois, quanto mais você desce, mais eles ficam numerosos. A gente não compreende mais nada... Há os caras da guerra dos Bálcãs de 1912, e há os caras da guerra russo-turca de 1877... De verdade, tem todos os Bálcãs e todo o Mediterrâneo enterrados aqui. Parece até que as pessoas não queriam morrer em casa e vieram morrer aqui... Mas, bem, nada a dizer, todo mundo diz que é uma boa terra para os mortos, uma terra calorosa, doce, movediça, não muito pesada... E depois, as estações são claras, é fácil contar o tempo. No inverno tinha muita neve e isso gela, é um prazer, isso amplifica os sons, a gente escuta os galhos quebrando... As chuvas da primavera limpam em profundidade, as gotas penetram até nossos ossos, a gente respira. No verão é muito calor, mas sempre tem uma brisa... quanto aos outonos, são longos e de uma doçura infinita...

Na floresta. A mãe chega com uma cesta de pão e uma toalha branca. Coloca a toalha no chão.
Ela acende uma vela e enfia na terra.

A mãe, o pai e o filho sentam-se em volta da toalha branca. Dá até para imaginar que eles vão fazer um piquenique na floresta.

A MÃE (*tira da cesta vários pãezinhos e coloca diante do filho*)**:** Ele sempre gostou disso.

O PAI: Sim.

A MÃE: Mas ele não quer mais comer.

O PAI: Ele vai comer.

A MÃE: Mas por que você não diz nada?

O PAI: Por que eu não digo nada?

A MÃE (*ao filho*)**:** Vibko, a gente está te esperando. Teu pai precisa de uma mãozinha. Ele já consertou o telhado. (*Ao marido.*) Você já lhe contou que você consertou o telhado?

O PAI (*ao filho*)**:** Eu já consertei o telhado.

A MÃE: O quarto lá de cima está quase reformado. /// Diga-lhe que seu quarto está quase pronto.

O PAI: Seu quarto está quase pronto.

A MÃE: A gente comprou uma cama nova, uma cadeira nova, uma mesa nova. Tudo estará pronto dentro de poucos dias. /// Diga-lhe que durante o dia você conserta a casa e que durante a noite você sempre cava buracos na floresta.

O PAI: Eu cavo, eu cavo.

(*A mãe, por não conseguir chorar, começa a gritar como uma carpideira.*)

A MÃE: Vibko, Vibko, como você faz quando chove?

///

Há duas semanas não para de chover, Vibko. Como você faz quando chove?

///

A terra é mais pesada quando ela está encharcada, meu filho? Quantos estão deitados aí, do seu lado? Você está sozinho ou com os companheiros?

O PAI (*à mulher*)**:** Já chega.

A MÃE: Sua irmã nos envia dinheiro todo mês, Vibko. Felizmente que ela nos envia dinheiro, pois assim vamos terminar logo. Ela nos envia dinheiro, mas não escreve. Você deveria dizer a ela para nos escrever algumas palavras de vez em quando. Você deveria vigiar sua irmã, Vibko.

O PAI: Deixe-o em paz.

A MÃE: O pai quer que eu deixe você em paz, mas eu não vou te deixar em paz. Eu não vou te deixar em paz se você não falar comigo, Vibko. Vou falar com você todos os dias, meu filho, todos os dias e todo o tempo, até você não aguentar mais. Até você dizer "para, mãe".

(*Ela come um pãozinho. O pai também pega um. Ao longe, alguém começa a tocar gaita.*)

16

Uma jovem prostituta trabalha pelas ruas de Paris. Ouve-se o barulho de um carro que para. Uma janela que se abre.

O TIPO: Boa noite.

(*A garota lhe responde com um aceno de cabeça.*)

Você sobe?

(*A menina faz sinal que não.*)

Entra, vamos dar uma volta.

(*A menina faz sinal que não.*)

Você não quer? Por quê?

(*A menina mostra dois dedos.*)

Você fala francês? Merda, você nem fala francês...

(*A garota faz sinal que não.*)

Você fala inglês? *Do you want fuck?*

(*A garota permanece parada, ela só morde os lábios.*)

Quanto custa um boquete? Um boquete... (*Ele faz um gesto obsceno.*) Um boquete, você sabe o que isso quer dizer, um boquete?

(*A garota faz sinal que sim.*)

Quanto? *How much?*

(*A garota mostra dois dedos de novo.*)

Vinte euros?

(*A garota faz sinal que sim. O tipo tira duas notas.*)

É isso que você cobra por um boquete?

(*A garota faz sinal que sim.*)

Merda, você acaba com o mercado! Escuta, minha fofa, você precisa sair daqui bem rápido. Você entende?

(*A garota faz sinal que não.*)

De onde você é? Da Ucrânia?

(*A garota faz sinal que não.*)

Romênia? Albânia? Bósnia? Rússia? Você é russa?

(*A garota faz sinal que não.*)

Bem, escute aqui... Esse lugar aí... Você está vendo? Esse pedaço de calçada aí... É da Caroline... Você me entende?

(*A garota faz sinal que não.*)

É o lugar da Caroline, você me entende? Caroline...

A GAROTA: Caroline...

O TIPO: Muito bem! Você compreende rápido. Se a Caroline te pega aqui, você está frita! Você entende? Vai, vaza!

(*A garota faz sinal que não.*)

Olha aqui, pega esse dinheiro e vaza!

(*A garota não se mexe.*)

Porra! Você é independente, você... Você é independente como teu país, hein? Você não tem gigolô? Você se chama como? Teu nome, como é? *What is your name?*

(*A garota mergulha seu olhar no vazio.*)

Sofia? Draga? Rodica?

A GAROTA: Ida.

O TIPO: Ida?

A GAROTA: Ida!

O TIPO: Escute aqui, Ida, vou passar por aqui de novo daqui a uma hora. Se você ainda estiver aí, você está ferrada! Sacou? Aqui, toda essa zona aqui é minha, sou o chefe... E aqui todos os lugares já estão tomados. Sacou? Já está ocupado. Você tem que ir para outro lugar...

(*A garota olha de novo para o vazio. Logo depois, passados alguns segundos, começa a cantar baixinho.*

É uma canção que vem de longe, com palavras incompreensíveis.)

Porra, cala a boca... Escute aqui, se você pensa que com a merda de sua canção você vai arrancar meu coração... Merda, para! Pare com essa palhaçada! *Stop! Stop it!*

(Fora de si, ele se afasta. Depois de ter fechado a janela do seu carro.)

Por que você não enfia essa canção no cu, tá me escutando? Se você acha que você pode se meter aqui com sua musiquinha ridícula... Você fecha essa matraca e se manda, é isso... Bagaceira de merda!

(O carro parte e se afasta. Um tempo. A garota continua a cantar ainda alguns segundos e depois para. Chega um homem.)

O SENHOR: Boa noite.

(A garota lhe mostra um dedo.)

Ah! Bom! Você é nova por aqui, não é?

(A garota faz sinal que sim.)

Dez euros? Só isso?

(A garota faz sinal que sim.)

Como você se chama?

A GAROTA: Ida.

O SENHOR: Você é húngara?

(*A garota faz sinal que não.*)

Polonesa?

(*A garota faz sinal que não.*)

Você vem de que país?

(*A garota fica com o olhar vago.*)

Escute aqui, boneca, quero saber se tenho direito a um boquete húngaro ou polonês. Ou talvez búlgaro. De todo modo eu gosto de todos os boquetes. Mas eu gostaria de todo jeito de saber qual é o certificado de origem. Você é de Kosovo?

(*A garota faz sinal que não.*)

Escute aqui, garota, você não fala nenhuma língua? Me mostre sua língua... a sua língua, eu quero ver a língua... Eu gosto bastante dos boquetes de Kosovo. Quanto mais o país de origem está na merda, mais os boquetes por aqui ficam bons... Há alguns anos eram os boquetes da Bósnia que eram os melhores. É louco como a coisa histórica evolui... Quanto mais um país está na merda, mais ele exporta melhores profissionais... Boas mesmo, ótimas profissionais, as garotas da Bósnia, muito aplicadas... Então você não é da Bósnia? Você é, quem sabe, do Cáucaso?

(*A garota continua com o olhar vago.*)

O Cáucaso ainda não experimentei. Mas não há razão para que isso não seja bom. Vocês estão numa merda só por lá. Aliás, as melhores flores nascem da merda, já se sabe... É por isso que vocês são tão bonitas... e tão doces... Porque vocês nascem da merda... Você veio do Cáucaso? A coisa começou então a desandar por lá também? Você vende boquetes caucasianos? Hein? Mas responda, estou falando com você, sua idiota...

(Bem baixinho, a garota começa a cantar uma canção da mesma língua dificilmente reconhecível. Tomado de pânico, o senhor recua, olha em volta dele e desaparece. Algumas dezenas de segundos mais tarde. Um barulho de carro parando. Ouve-se uma voz que grita: "Filho da puta! Estúpido! Monte de merda!" O carro recomeça a andar. Um travesti faz sua aparição. Está ligeiramente "bodeado".)

O TRAVESTI: Merda, merda, merda! *(Ele vê a garota.)* E você? Ainda está aí? Ele não mandou você desinfetar? /// Ei, você aí, tô falando com você! Você está me ouvindo?

(A garota faz sinal que sim.)

Vaza daqui! Aqui é o meu lugar! Aqui, sou eu, tá entendendo?

(A garota faz sinal que sim.)

(Berrando.) Então vaza daqui! Merda! *(Falando sozinho.)* Ai, como estou cansado! Acabado! *(Procura na bolsa e pega um cigarro.)* Se você acha que... *(Ele acende o cigarro.)* Você quer um?

(A garota faz sinal que sim. O travesti lhe passa um cigarro e acende para ela.)

Vamos lá, você fuma e você se manda. Tenho minha turma para hoje... Não quero mais te ver...

(Fumam um pouco em silêncio.)

Você vem de onde? Você vem de democracias populares? Bom, é preciso dizer a teu cafetão que é por isso que o comunismo não deu certo! Tudo porque proibiram os bordéis e as putas! É isso aí! E agora mandam todas vir transar aqui! Porra, como vocês foram burros! (*Tira uma garrafa de sua bolsa e bebe.*) Escuta, vou te dizer uma coisa... Teus comunistas, os que explodiram o teu país, eram uns frustrados sexuais! É por isso que eles jogaram tudo pro ar, porque tinham medo de transar! E agora tudo acabou... Para sempre... E vocês vêm transar aqui... No meu pedaço... Inacreditável!... Eles jogam tudo pro alto na terra deles por causa da constipação sexual e aí vêm para cá avançar no meu espaço! Você se chama como mesmo?

A GAROTA: Ida.

O TRAVESTI: Ida?

A GAROTA: Ida.

O TRAVESTI: Escuta aqui, esses teus comunistas foram mesmo uns travestis frustrados! É isso aí! É por isso que estragaram tudo! É por isso que jogaram tudo para o ar! Porque não tiveram coragem de deixar o pau falar mais alto! Deviam ter liberado o pau em vez de estilhaçar a vida dos pobres coitados... Você entende? É isso, os comunistas são os antipau! Comunista igual a antipau... Eles proibiram o pau, proibiram o cu, e no entanto tiveram que dar o cu! Como os nazistas, aliás, tudo antipau... Ai, tudo dói, cada centímetro do meu corpo. Você é da Eslováquia?

(*A garota se põe a cantar mais uma vez a canção. O travesti tira os sapatos e começa a massagear os pés. Ele bebe e passa a garrafa para a garota.*)

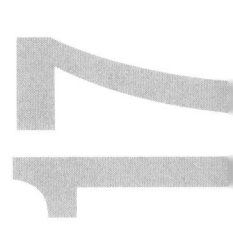

O pai está cavando um buraco na floresta.
A velha louca chega.

A VELHA LOUCA: Vigan!

O PAI: Sim?

A VELHA LOUCA: Vigan, saia daí! Quero falar com você.

O PAI: Sim.

A VELHA LOUCA: Que é que você está fazendo aí?

O PAI: Estou cavando um poço.

A VELHA LOUCA: Você está cavando um poço...

O PAI: Sim.

A VELHA LOUCA: Você cava um poço assim no meio da floresta.

O PAI: Sim.

A VELHA LOUCA: E você encontrou água?

O PAI: Não.

A VELHA LOUCA: E todos esses buracos aí, foi você que cavou?

O PAI: Não, todos não.

///

A VELHA LOUCA: Quando você voltou?

O PAI: Há algumas semanas.

A VELHA LOUCA: Está bom. É um direito seu. Estamos em paz, agora. Somos irmãos outra vez. /// Tudo bem, meu irmão? Você veio vender sua casa?

O PAI: Não.

A VELHA LOUCA: De qualquer maneira, ela está num estado... As paredes estão de pé?

O PAI: Sim.

A VELHA LOUCA: De todo jeito, já não vale grande coisa. E fede a osso calcinado. Você queima osso, lá na tua casa?

O PAI: Não.

A VELHA LOUCA: É teu esse carrinho?

O PAI: Sim.

A VELHA LOUCA: É com ele que você carrega todos esses ossos?

O PAI: Onde é que você está vendo que eu carrego ossos?

A VELHA LOUCA: Encontrei bem em frente da minha casa um monte de ossos. Foi você que jogou lá?

O PAI: Não.

A VELHA LOUCA: Tem um filho da puta que virou um carrinho de mão cheio de ossos na minha porta. Por quê?

O PAI: Não sei de nada, Mirka.

A VELHA LOUCA: Vigan!

O PAI: Sim?

A VELHA LOUCA: Se você jogar um osso que seja na frente da minha porta eu te queimo o cérebro.

///

Você não me diz nada?

O PAI: Não sou eu, Mirka.

A VELHA LOUCA: Quem é então? Tem outros que também encontraram ossos podres diante de suas portas... ou jogados diretamente em seus quintais... Parece que tem um doido na cidade que desenterra os ossos e que depois os atira nos quintais e nos jardins dos outros... Esse louco que anda por aí com ossos pela cidade, se por um acaso eu topo com ele, eu queimo seu cérebro. Entendeu bem?

O PAI: Não sou eu, Mirka.

A VELHA LOUCA: Teu filho, ele foi morto porque ele também tinha matado. Você sabia disso?

O PAI: Sim.

A VELHA LOUCA: Então o que é que você quer?

O PAI: Já te disse, Mirka, não fui eu.

A VELHA LOUCA: Então quem é?

O PAI: Não sei. Já te disse que não sou só eu que cava buracos na floresta.

A VELHA LOUCA: Mas você, você, o que é que você está procurando?

O PAI: Nada. Só quero encontrar o corpo dele e enterrá-lo.

A VELHA LOUCA: Ele já deve estar embaixo da terra. Vocês são todos loucos. Para que desenterrar os mortos para enterrá-los de novo quando eles já estão debaixo da terra?

O PAI: Meu filho tem direito a ter uma sepultura, Mirka.

A VELHA LOUCA: E você quer enterrá-lo em frente da minha porta! Você quer enterrá-lo no umbral da minha porta! Você quer enterrá-lo dentro da minha casa, talvez? É isso que você quer?

O PAI: Não.

A VELHA LOUCA: E por que todas as noites jogam ossos no meu quintal? Todo mundo que passa do lado da minha casa joga ossos podres embaixo das minhas janelas... Encontrei osso até no telhado... Meu quintal não é uma lata de lixo! Eu não matei ninguém. Eu também tive um filho morto. Ou será que você pensa que foi meu filho que matou o seu filho? É nisso que você acredita? /// Vigan, estou falando com você.

O PAI: Sim?

A VELHA LOUCA: Deixe meu filho em paz, tá bom? Deixe os dois em paz. De que adianta separar agora seus ossos? Agora todos os ossos já estão misturados, é assim, não tem jeito, é um fato consumado. Pare de saquear a floresta. Para que uma sepultura? Essa terra toda é um túmulo.

(*O pai retira do buraco um capacete militar e um par de óculos de motociclista. Ao longe alguém toca gaita.*)

O pai e a mãe à mesa. No meio da mesa, o capacete e os óculos. O pai e a mãe parados olhando fixamente o capacete e os óculos. O filho chega com Frantz vestido com o uniforme militar. Frantz parece muito constrangido.

O FILHO: Boa noite. (*Frantz, sempre muito constrangido, fica retraído na soleira da porta. O filho, à sua mãe.*) Ele é o Frantz, meu amigo. O capacete e os óculos são dele. (*A Frantz.*) Esses são meus pais, Frantz.

FRANTZ: *Guten Abend.*

///

O FILHO: Eu falei muito de vocês para ele.

///

Pega uma cadeira, Frantz. Venha aqui, para a mesa. Venha ficar com a gente. (*Ao pai.*) Papai, você pode trazer uma cadeira para o Frantz?

(*O pai traz uma cadeira para Frantz.*)

Obrigado, papai. Mamãe, você pode pôr um prato para Frantz?

(*A mãe traz pratos e talheres para seu filho e para Frantz.*)

Obrigado, mamãe.

FRANTZ (*sentando-se*): *Danke schön.*

O FILHO (*a Frantz*): Olha aí, esses são meus pais. Os buracos que você viu na clareira, foi meu pai que fez. (*A seus pais.*) Mas comam, isso vai esfriar. Papai, o capacete e os óculos são de Frantz. (*A Frantz.*) Frantz, fale qualquer coisa.

FRANTZ: *Ja, ja.*

O FILHO: Ele é alemão, o Frantz. Soldado alemão. Ele caiu na clareira em 1944. (*A Frantz.*) Conta para o meu pai como foi que você caiu, Frantz.

FRANTZ: *Die Partisane.*

O FILHO: É isso aí. Foram os *partisans* que o mataram. Papai, você pode oferecer um copo de *slibowitza* a Frantz?

(*O pai enche o copo de Frantz.*)

Então, Frantz queria te perguntar uma coisa.

FRANTZ: *Ja, ja. Gut, sehr gut.*

O FILHO (*a seu pai*): Ele queria voltar para Hamburgo. Você poderia mandar seu capacete e seus óculos para Hamburgo?

FRANTZ: *Zentral Posten.*

O FILHO: É isso. É o correio central de Hamburgo.

FRANTZ: *Meine Mutter dort.*

O FILHO: É isso aí, sua mãe trabalhava no correio central de Hamburgo.

FRANTZ: *Meine Mutter still liebt.*

O FILHO: Sua mãe ainda está viva.

FRANTZ: *Und meine Kameraden...*

O FILHO: É isso, no mesmo lugar, se você continuar a cavar ainda, você encontrará outros capacetes... (*A Frantz.*) Quantos foram mortos junto com você?

FRANTZ: *Sieben.*

O FILHO: É isso, *sieben*. (*A seus pais.*) Mas comam, vai esfriar.

(*Todo mundo fica parado.*)

Uma casa de striptease. Clima quente, música discreta. Num canto, a garota está fazendo um número de striptease ou de dança no poste. Um tipo, sempre sorrindo, chega, procura o bar, dirige-se para lá e cumprimenta a patroa.

A PATROA: É você que queria falar comigo?

O TIPO SEMPRE SORRIDENTE: *Bongiorno.* Sou eu mesmo.

A PATROA: Você quer o quê?

O TIPO SEMPRE SORRIDENTE: Venho da parte de Fanfani.

A PATROA: Ele está bem, o Fanfani?

O TIPO SEMPRE SORRIDENTE: Tá, mas ele está na cadeia neste momento. Ele te mandou um abraço.

A PATROA: Deixe aí o número dele. Vou ligar para ele.

O TIPO SEMPRE SORRIDENTE: Ele vai ficar muito contente.

A PATROA: Muito bem. Então ele está na cadeia?

O TIPO SEMPRE SORRIDENTE: Tá.

A PATROA: Muito bem. Vou telefonar para ele. Pode deixar.

O TIPO SEMPRE SORRIDENTE: E também... Ele queria te dizer mais uma coisa.

A PATROA: Pode falar.

O TIPO SEMPRE SORRIDENTE: Ela tem dívidas, chefe.

A PATROA: Quem?

O TIPO SEMPRE SORRIDENTE: A garota. Ida.

A PATROA: Não conheço.

O TIPO SEMPRE SORRIDENTE: A garota que canta, senhora.

A PATROA: A louca?

O TIPO SEMPRE SORRIDENTE: Ela não é louca, senhora.

A PATROA: É, sim.

O TIPO SEMPRE SORRIDENTE: Seja como for, ela tem dívidas.

A PATROA: É Fanfani que a gerencia?

O TIPO SEMPRE SORRIDENTE: É.

A PATROA: E o que é que eu tenho a ver com isso, se ela tem ou não dívidas?

O TIPO SEMPRE SORRIDENTE: Pô, minha senhora. Mas é o Fanfani.

A PATROA: Na boa, me fala aí. Você acha mesmo que eu vou pagar as dívidas de Fanfani?

O TIPO SEMPRE SORRIDENTE: Não senhora, mas ela está ferrada.

A PATROA: É isso que você tinha pra me dizer?

O TIPO SEMPRE SORRIDENTE: *Si.*

A PATROA: É por isso que Fanfani te mandou? Pra me dizer que ela está ferrada?

O TIPO SEMPRE SORRIDENTE: Sim.

A PATROA: Então você devia simplesmente quebrar a cara dela e pronto.

O TIPO SEMPRE SORRIDENTE: Não, minha senhora, não é isso o que a gente quer.

A PATROA: E então, o que é que vocês querem?

O TIPO SEMPRE SORRIDENTE: A gente quer que ela pague as dívidas que ela tem. As dívidas de Milão. Fanfani quer que você saiba disso. Foi por isso que ele me mandou para lhe dizer que ela veio para cá de Milão e que ela tem dívidas em Milão. Fomos nós que mandamos ela vir de Milão. E lá, ela está ferrada porque não era para ela sair de lá. E porque ela está ferrada, ela corre muito risco, chefe.

A PATROA: E onde foi mesmo que vocês a aliciaram?

O TIPO SEMPRE SORRIDENTE: Na Albânia ou na Macedônia. Não sei mais. Foi Fanfani que se encarregou.

A PATROA: Vocês podem levá-la. Não me interessa.

O TIPO SEMPRE SORRIDENTE: Não, senhora, não é isso que eu queria dizer. Se você quer que ela fique aqui, Fanfani não tem nada contra. Mas ela tem dívidas. Ela nos deve 2 mil dólares.

A PATROA: É muita coisa.

O TIPO SEMPRE SORRIDENTE: É mesmo, senhora.

A PATROA: Ela não vale toda essa grana.

O TIPO SEMPRE SORRIDENTE: É o que ela nos deve, chefe.

A PATROA: Então vocês podem levá-la.

O TIPO SEMPRE SORRIDENTE: De todo modo, a gente quer ser correto... Foi por isso que eu vim te ver...

A PATROA: Tá bom. Diga a Fanfani que vou ligar.

O TIPO SEMPRE SORRIDENTE: Mas podemos conversar, senhora.

A PATROA: As loucas não me interessam.

O TIPO SEMPRE SORRIDENTE: Seja lá como for, a senhora a abrigou aqui, senhora.

A PATROA: E vou repetir mais uma vez: as loucas não me interessam.

O TIPO SEMPRE SORRIDENTE: A gente pode chegar a um acordo, senhora. Fanfani precisa fazer caixa no momento.

A PATROA: Na Albânia, como vocês acertaram isso?

O TIPO SEMPRE SORRIDENTE: Bem, digamos que em dólares isso dá... na casa dos 10 mil, chefe.

A PATROA: Não estou perguntando quanto vocês pagaram. Estou perguntando *em que* vocês acertaram.

O TIPO SEMPRE SORRIDENTE: Pagamos em cigarros.

A PATROA: Quantos pacotes?

O TIPO SEMPRE SORRIDENTE: *Tre cento*.

A PATROA: De quê?

O TIPO SEMPRE SORRIDENTE: De Marlboro.

A PATROA: Eu te dou *due cento* de pacotes de Royale mentol leve. Fechado?

O TIPO SEMPRE SORRIDENTE: Ah não, suas dívidas são mais do que isso.

A PATROA: E eu repito que não estou nem um pouco interessada nas dívidas dela. Você deve é quebrar a cara dela por causa dessas dívidas.

O TIPO SEMPRE SORRIDENTE: De todo modo, pagamos por ela. Fanfani jogou-a na Itália, ela ficou seis meses em Milão, e isso teve custo, você entende.

A PATROA: Duzentos pacotes de Royale, dívidas inclusas.

O TIPO SEMPRE SORRIDENTE: Os Royale mentol não vendem muito bem, senhora.

A PATROA: É o que eu tenho no momento. E é porque quero ser legal com Fanfani. Senão, você sabe onde ela mora, ela fica aí em frente, você pode ir interrogá-la, não tô nem aí.

O TIPO SEMPRE SORRIDENTE: É pouco, senhora. Se for assim, a gente prefere furar um olho dela.

A PATROA: É tudo que posso desembolsar. E fique sabendo que ela tem outras dívidas aqui.

O TIPO SEMPRE SORRIDENTE: *Tre cento.*

A PATROA: Vai lá furar o olho dela.

O TIPO SEMPRE SORRIDENTE: Tá bom, duzentos, mas em dinheiro.

A PATROA: Não tenho dinheiro. Os cigarros estão lá no carro vermelho. É pegar ou largar. E faço isso por Fanfani.

O TIPO SEMPRE SORRIDENTE: Mas vamos também lhe dar uma lição.

A PATROA (*pega uma chave de carro e dá ao tipo sempre sorridente*): Bem, mas vai com calma, porque preciso dela trabalhando amanhã.

O TIPO SEMPRE SORRIDENTE: Não se preocupe. Temos nosso especialista de plantão. Amanhã já estará pronta pra outra.

(*O tipo sempre sorridente se dirige à porta.*)

A PATROA: E mande *salutationi* a Fanfani. Ele ainda tem quanto tempo?

(O tipo sempre sorridente levanta a mão e mostra primeiramente cinco dedos, mas em seguida faz um gesto como se dissesse "mas não tá nada certo, quem sabe ele se descola".)

20

O pai, a mãe e o filho à mesa, os olhares sempre vagos.

O FILHO: Dez *satélites*, mamãe.

///

A MÃE: *Satélite*.

///

O PAI (*à sua mulher*)**:** O quê?

A MÃE: Dizem que, às vezes, se veem *satélites*.

///

O FILHO (*levanta e se dirige principalmente ao público*): A palavra satélite na boca da minha mãe! Isso me afeta de alguma maneira. Isso me faz rir e chorar ao mesmo tempo.

Quando escutei pela primeira vez a palavra satélite na boca da minha mãe, fui tomado por uma espécie de calor seco. Senti subitamente uma secura horrível na minha própria boca como se eu tivesse pronunciado eu mesmo a palavra *satélite*. De uma hora para outra fui tomado por um pequeno sentimento de vergonha e por uma enorme ternura. O sentimentozinho de vergonha não era novidade. Eu já tinha sentido uma vez ou duas na minha infância, quando minha mãe perguntava, nas reuniões de pais da escola, se eu tinha feito progresso. A palavra *progresso* na boca da minha mãe soava terrivelmente falsa...

Não, não é normal, a palavra *satélite* na boca da minha mãe. Na boca de nenhuma mãe a palavra *satélite* é normal.

A MÃE (*como que hipnotizada*): Satélite.

O PAI: O quê?

///

O FILHO: Aliás, cada vez que ela pronuncia a palavra *satélite*, minha mãe fica em pânico. Sua voz fica embargada e ela levanta os olhos como se a palavra *satélite* fosse o começo de uma oração. Escuta só...

A MÃE: *Satélite*.

O PAI: É idiota você ficar dizendo isso.

O FILHO (*para o público*): Aliás, meu pai caçoa um pouco dela. É a primeira vez desde seu retorno que meu pai ousa debochar um pouco de minha mãe. Por causa da palavra *satélite*. Que minha mãe deve ter escutado no rádio.

– Você escutou onde toda essa história?

– No rádio.

– Você escuta rádio demais. E depois a gente não pode ter acesso ao *satélite*. Os *satélites*, isso custa muito caro. E nossa cidade ainda não tem *satélite*. Mesmo esse ferrado desse país inteiro não conseguiria pagar um *satélite*. É idiota o que você está dizendo.

– Não é.

Na verdade, escutar o tanto que eles brigam por causa do *satélite* é de morrer de rir. Eu, pelo menos, rio muito.

Mas ela acredita, na verdade, que os cadáveres mal enterrados podem algumas vezes ser avistados por *satélite*. É isso que ela fica dizendo para o meu pai.

///

– Às vezes dá para ver pelo *satélite*.

– O quê?

///

O FILHO: As pessoas mortas com uma bala na nuca. Ela acredita que a gente pode vê-las de um *satélite*. Na Rússia, foi encontrada uma vala comum como essa por *satélite*. Primeiramente, por *satélite*, uma estranha estrada foi descoberta. Uma estrada em plena floresta da Sibéria. Era uma estrada que não levava a lugar nenhum. Ela avançava três ou quatro centenas de quilômetros na floresta e depois parava bruscamente. E assim foi descoberto que, no final da estrada, havia uma enorme vala comum. Durante anos as pessoas dali viram passar caminhões militares. Fazer idas e vindas. Mas elas não desconfiavam de nada. E, na verdade, lá Stálin tinha mandado executar milhares de pessoas. Era o caminho que levava, de fato, ao lugar da execução. Um lugar entre outros.

E os mortos, nós os encontramos todos, desse jeito, no meio da floresta. Por *satélite*.

///

Mamãe, de verdade, a palavra *satélite* na sua boca só pode soar falsa. Há palavras como essa que sempre vão soar falsas na sua boca ou na boca de papai.

21

O pai e o novo vizinho na adega deste último.

O NOVO VIZINHO: Ela é boa, essa adega, não é mesmo? Sei que você também... também tem uma adega... Mas menor que a minha... Aliás, eu, eu aumentei desde que estou aqui... Que trabalheira! Hoje em dia não se sabe mais construir assim... Sente-se... Estamos bem aqui, não é mesmo? Lá fora, o calor está insuportável. Mas aqui a gente pode respirar. Eu, nos dias de calor, venho para cá... e aqui trabalho, fico tranquilo... Ela não está muito bem, a sua mulher.

O PAI: Não.

O NOVO VIZINHO: Eu a vi outro dia... Muito mirrada, de verdade, parece que ela está desfalecendo de tanta tristeza.

O PAI: É.

O NOVO VIZINHO: Isso não é nada bom. Ela precisa fazer seu luto. Ela tem que se decidir, oras...

O PAI: É.

O NOVO VIZINHO: Vejo que você continua a cavar na floresta. Você encontrou quantas botas?

O PAI: Três.

O NOVO VIZINHO: Mas não eram as certas.

O PAI: Não.

O NOVO VIZINHO: Pena... Você pode passar anos cavando assim... Bom, entendo que sua mulher não possa chorar com os restos de qualquer um, mas... Mesmo assim... Desse jeito, ela vai se acabar... É preciso fazer alguma coisa, qualquer coisa... No final das contas, é melhor chorar com a bota ou o cinto ou os restos de outro qualquer do que morrer sufocado... Ao menos é o que eu penso... Eu, eu penso que é besteira se acabar assim porque a gente não consegue fazer o luto... Porque a gente não consegue fazer falar as lágrimas...

O PAI: Ah, sim...

O NOVO VIZINHO: É, é besteira... Me desculpe, mas... Não tenho mais palavras... Muitas vezes as mães são um pouco bobas... É isso... Ou mesmo totalmente idiotas... E eu, diante de tantas besteiras, não posso me conter... Desculpe-me falar assim com você, mas só quero ajudar. Eu, eu penso que as pessoas, para fazer o luto e tocar sua vida, é preciso sacudi-las um pouco. Senão, elas vão ficando sufocadas e acabam morrendo por sua vez. E isso não é nada bom...

O PAI: Ah, não...

O NOVO VIZINHO: E como é que ela sabe que as botas não são as certas? Todas as botas são parecidas...

O PAI: Ela diz que ela sente...

O NOVO VIZINHO: Sim... São todas parecidas, as mães... Sentem tudo e todos... Não me espanta que elas fiquem agoniadas depois... São todas assim, muito burras. Elas acabam ficando agoniadas. Em vez de chorar e de se aliviar, de fazer o luto apesar de tudo, com o que elas têm à mão... Não, elas ficam agoniadas... Me perdoe, não quero te chatear... Mas isso me entristece mesmo, de ver tanta tristeza... E dor... Você me trouxe a bota que eu te entreguei outro dia?

(*O pai entrega a sacola ao novo vizinho.*)

O PAI: Aqui. Tá tudo aqui.

O NOVO VIZINHO: Bem, vamos lá, vou deixar em espera, esse aqui. Escute, se eu pedi para você vir aqui é porque sei que você está sofrendo... E depois, eu confio em você... É preciso confiar nas pessoas que estão sofrendo... É por isso que vou lhe mostrar uma coisa...

(*Ele puxa uma cortina e mostra ao pai várias prateleiras com crânios e ossos humanos arrumados. Tem-se a impressão de estar numa prateleira de supermercado cheia de esqueletos.*)

O NOVO VIZINHO: Está vendo? Aqui, tudo é numerado. Este aqui é o número 16. Tenho aproximadamente 37 crânios que estão em perfeito estado. Treze têm marca de um tiro na nuca. Eu tinha mais, mas já foram... Aqui, olha só... isso poderia ser seu filho... Você pode mostrar à sua mulher se você quiser... Mas os crânios custam bem caro, vou logo dizendo. Os crânios estão valendo mil dólares. Tá tendo uma ótima saída, então subi logo o preço. Aliás, isso é normal. Nós vivemos no capitalismo. É o que a gente queria, não é mesmo? Estar no capitalismo. Que idiotas! Como a gente pode ser tão idiota! E agora, tudo se vende e tudo se compra. É a lei do mercado. É por isso que eu disse a mim mesmo... Se é a lei do mercado, por que não vender os ossos que eu encontrei no meu pomar? São ossos que encontrei na minha terra, então por que não posso vender? Se cresce na minha terra? Quando comprei a casa, com o pomar e o pedaço de floresta atrás da granja, não pensava que haveria também essa pequena surpresa escondida na terra... Veja bem, não sou especialista... Talvez tivesse que ter informado à ONU ou à Otan ou sei lá quem mais. Mas como esses ossos saíam da minha terra, eu disse pra mim, a ONU ou a Otan vão se ferrar. Sou eu o proprietário dessa terra, então sou eu que devo gerenciar o negócio. Aí, eu classifiquei tudo por categorias... Primeiro os ossos... Fiz uma seção de crânios, uma seção de costelas, uma seção de membros superiores, uma seção de membros inferiores... Aqui é a seção de couros. Botas e sapatos, tenho mais ou menos duzentos... Olhe só, cintos, bolsas de couro... Até mesmo alguns casacos de couro... E depois as roupas... Mas as roupas estão todas de qualquer jeito porque elas já estavam em farrapos, quase virando poeira... Se você acha que consegue reconhecer alguma coisa de seu filho... a camisa dele ou outra coisa... pode procurar no monte... Mas cuidado, isso se desintegra muito fácil... Olhe aqui... Eu acho que você precisa dizer à sua mulher para ela ser mais razoável. Você tem com o que compor um belo cadáver... Olhe aqui, você o enterra, você grava o nome do seu filho e você tem um túmulo. E assim, ela poderá chorar. Ela colocará flores no túmulo todo dia e assim sua vida terá de novo um sentido. As mães felizes, já fiz umas trinta... E como somos vizinhos, faço um bom preço. Normalmente, um cadáver inteiro eu vendo por 2 mil dólares. Mas pra você vou fazer a metade. Você já sofreu muito, eu sei. Faço um desconto, porque você voltou para casa... De verdade, pense bem. Os verdadeiros restos mortais do seu filho você talvez nunca chegue a encontrar. Mas se você quiser, você pode dar uma volta pelos ossários oficiais... Você viu a bagunça que eles fizeram, com aqueles pobres macabeus desenterrados apressadamente? Agora se dão conta que mais da metade foi mal identificada. E eles recomeçam com o DNA, você sabe o que é, o DNA?

O PAI: Não.

O NOVO VIZINHO: É quando eles comparam o sangue dos pais com os ossos de seus filhos. Fazem análises, oras. Aparentemente, se colar, é que você faz parte da mesma família. Mas isso pode levar anos. E além do mais, custa dinheiro. Uma simples análise de osso custa uns trezentos dólares. Então, veja você, euzinho aqui, o que eu proponho a você é que você faça o luto imediatamente. Escutei falar que na Espanha, depois da Guerra Civil, foram enterrados, numa cova, dezenas de milhares de cadáveres misturados, os cadáveres de um lado e de outro... Anarquistas, comunistas, trotskistas, republicanos, democratas, monarquistas, fascistas, todos no mesmo buraco. Ninguém identificou ninguém. Fizeram um monumento e pronto. Encerraram o assunto. É isso aí! Todos declarados filhos da pátria, tombados pela pátria. E ali as pessoas rezam e isso faz bem para elas. Todos os heróis na mesma cova. Então para que ficar arrastando os ossos de nossos mortos para o microscópio? São pessoas que caíram, de todo modo, na terra deles. Devem fazer um monumento para todos e pronto! Um monumento à burrice humana... Olhe bem, pense bem, pense na sua mulher. Para mim, ela está à beira de um colapso, ela não aguenta muito tempo mais sem o túmulo, ela precisa de um túmulo... É louco como as pessoas são idiotas... Adotar uma criança para dar sentido a sua vida, isso lhes parece normal, mas adotar um cadáver... Bando de idiotas! Como é cabeça-dura o ser humano... É de deixar qualquer um doido... Tem uns que vão até a China pra adotar uma criança, gastam uma fortuna. Mas um cadáver por 2 mil dólares, isso lhes parece caro e até mesmo ilegal! Ai! Ai! Ai! A loucura humana! Tenho também vinho bom, se você quer comprar. Olhe os barris... É cabernet da Bulgária... Você quer provar?

O PAI: Você tem quantos anos, Yrvan?

O NOVO VIZINHO: Tenho quarenta anos, por quê?

(*Lá fora, alguém toca gaita.*)

22

A patroa e o travesti. A garota entra.

A PATROA (*à garota*)**:** Venha aqui... (*Apontando uma cadeira.*) Venha, venha, põe a bunda aí.

(*A garota, um pouco amedrontada, busca o olhar do travesti como se ele fosse seu verdadeiro protetor.*)

O TRAVESTI: Sente-se.

A PATROA (*ao travesti*)**:** Você já falou com ela?

O TRAVESTI: Não.

A PATROA: Bem... Escute aqui, Ida, por que você me faz isso?

A GAROTA: O quê? (*Para o travesti.*) O quê?

O TRAVESTI: Você me decepciona, Ida...

A PATROA: Me diga, menina, eu alguma vez te fiz algum mal?

A GAROTA: Não.

A PATROA: Então, você está bem aqui comigo.

A GAROTA: Sim.

A PATROA: Eu, você acha que eu sou como os outros, eu?

A GAROTA: Não.

O TIPO: Você acha que eu te depenei muito, quem sabe?

A GAROTA: O quê?

O TRAVESTI: *Your money*. Você está satisfeita com o que você ganha?

A GAROTA: Sim.

A PATROA: Bem, então vamos recapitular. Eu te aceitei sob meu teto, correto?

A GAROTA: Sim.

A PATROA: Eu abri uma conta no banco. Você tem uma conta. Tem centenas de meninas que não têm conta em banco. Mas você, você tem uma. O dinheiro é seu e você faz o que quiser com ele. Você tem o teu perímetro onde ninguém te perturba. Eu te protegi toda vez que você precisou. Eu poderia te vender por duzentos pacotes de cigarros, mas não o fiz. Você tem seus documentos e você pode voltar para casa quando bem quiser. Correto?

A GAROTA: Mas o que foi que eu fiz?

A PATROA: Mas fale, Caroline, diga a ela o que ela fez porque parece que ela não sabe o que faz.

O TRAVESTI: Escute aqui, Ida... Por que, puta que pariu, por que você não quer chupar os negros?

(*A garota enxuga uma lágrima.*) Espera um pouco, você não vai recomeçar aquela cena. Eu te fiz uma pergunta.

A PATROA: Pronto, Caroline te fez uma pergunta. Você entendeu a pergunta?

A GAROTA: Não sei.

A PATROA: Você não sabe, mas você não faz. Você não faz porque você não consegue ou o quê?

A GAROTA: Não sei.

A PATROA: Você não consegue com os negros, é isso que você quer dizer?

A GAROTA: Não. Eu não sei...

O TRAVESTI: Os negros te travam, é isso? Faz tempo que você está travada assim?

A PATROA: Mas com os mestiços tudo bem, sem problema, é isso?

A GAROTA (*para o travesti*)**:** O quê?

O TRAVESTI: As outras cores tudo bem?

A GAROTA: Sim.

A PATROA: Então, os árabes não te travam. Os orientais, os magrebinos, os latinos, os judeus, os esquimós...

O TRAVESTI: É que os negros que são muito negros que te dão medo ou todos os negros?

A GAROTA: Não sei.

A PATROA: Você não sabe, sua racista de merda! De onde você vem, hein? Você vem de que merda de país? Você vem de um país de selvagens ou o quê? Quem te ensinou a desprezar os negros? Vocês são todos racistas assim lá no teu país? É assim que vocês querem entrar na Europa? É assim que vocês querem se civilizar? Olhe bem para mim, boneca! Com esse tipo de coisa, não brinco... Pode ir pegando suas coisas e se mandando.

A GAROTA: Não.

O TRAVESTI: Ida... Ida, escute aqui... Você tem o seu dinheiro, você tem seus papéis, você vai para outro lugar. E pare de fazer bagunça por aqui. Se você está travada, vá para outro lugar. Vai destravar no teu país.

A PATROA: Você tem dez minutos pra se picar! O melhor a fazer é voltar para casa! Lá em casa, só tem gente branca, imagino... Brancos na merda... Vá então, vá trabalhar entre os seus pares... E lá, faz o que você quiser. Mas aqui a gente está na Europa, sacou? Estamos na Europa, porra! E aqui ninguém é racista! A Europa é isso! Aqui, você chupa todo mundo! Aqui, não tem lugar pra gente cheia de nove-horas.

(A garota começa a cantar baixinho.)

23

O pai e a velha louca, sozinhos num bar horroroso,
totalmente bêbados, de madrugada.
Num canto, um cigano bêbado toca violão.

O PAI: É muito… Dois mil, é demais.

A VELHA LOUCA: É o preço.

O PAI: Assim mesmo, é muito.

A VELHA LOUCA: Escute, eu, tudo que quero é te ajudar.

O PAI: Tá bem, mas 2 mil é muito.

A VELHA LOUCA: Seja lá como for, não sou eu que fixo o preço.

O PAI: Bom, então diga a quem fixa o preço que 2 mil é muito.

A VELHA LOUCA: Eu, o que eu quero… é só…

O PAI: Seiscentos.

A VELHA LOUCA: O quê?!

O PAI: Eu disse seiscentos.

A VELHA LOUCA: Seiscentos?

O PAI: Seiscentos.

A VELHA LOUCA: Você tá tirando uma com a minha cara? Tá brincando ou o quê?

O PAI: Seiscentos, no ato.

A VELHA LOUCA: Não, 2 mil ou nada. Me desculpe. Não sou eu que ponho o preço.

O PAI: Mas é você que pega a grana.

A VELHA LOUCA: O quê?

O PAI: É você, mesmo assim, quem pega a grana.

A VELHA LOUCA: Quem te disse que sou eu que pega a grana?

O PAI: Eu não disse nada.

A VELHA LOUCA: Não, mas você me dá nos nervos.

(*O pai enche os copos. Eles bebem.*)

O PAI: Eu não falei nada.

A VELHA LOUCA: Se você acha que sou eu que pega a grana, então...

O PAI: Eu não falei nada.

A VELHA LOUCA: Mil e oitocentos. É minha última palavra. Já.

O PAI: Não tenho esse dinheiro.

A VELHA LOUCA: Não tem problema. Você vem me ver assim que você tiver grana.

O PAI: Nunca vou ter tanto dinheiro.

A VELHA LOUCA: Não faz mal. A vida continua, um dia você vai ter.

O PAI: Setecentos. Agora. É tudo que tenho.

A VELHA LOUCA: Você está gozando com a minha cara.

O PAI: Não, te juro. É tudo que eu tenho.

A VELHA LOUCA: Você está gozando da minha cara e eu não gosto nada disso.

O PAI: É tudo que eu tenho. Olhe bem nos meus olhos. Perdi tudo, só tenho isso. (*Serve mais bebida.*)

A VELHA LOUCA: E eu, você acha que eu ganhei alguma coisa?

O PAI: Não, mas eu perdi tudo.

A VELHA LOUCA: E eu, eu ganhei, você acha mesmo que eu ganhei alguma coisa?

O PAI: Não, mas eu perdi tudo.

A VELHA LOUCA: E eu, eu ganhei, é o que você está dizendo.

O PAI: Não, eu não quis dizer isso.

A VELHA LOUCA: Mil e trezentos. É minha última palavra. Eu juro. E se você pechinchar ainda, eu vou embora.

O PAI: Eu pechincho porque eu tenho uma casa sem teto. É por isso que eu pechincho.

A VELHA LOUCA: Você não devia pechinchar... De verdade. Eu, no seu lugar, não faria isso.

O PAI: Tenho uma casa sem teto e cheia de entulho. É por isso que eu pechincho.

A VELHA LOUCA: Mas, de qualquer maneira, você já fez uns consertos.

O PAI: Setecentos. É tudo. Trezentos *agora* e quatrocentos *depois*.

A VELHA LOUCA: O quê?

O PAI: Eu disse trezentos *agora* e quatrocentos *depois*.

A VELHA LOUCA: *Depois* quando?

O PAI: *Depois*. Se ele estiver mesmo lá.

A VELHA LOUCA: Não estou entendendo.

O PAI: Trezentos *agora* e quatrocentos *depois*. Se eu constatar que é realmente o lugar certo.

A VELHA LOUCA: Você está me chamando de mentirosa, hein? Já não basta você jogar ossos no meu jardim e agora você...

O PAI: Não, eu não estou chamando você de mentirosa.

A VELHA LOUCA: Está sim, você me trata de mentirosa… Não basta jogar todo dia ossos…

O PAI: Não. Trezentos *agora*, imediatamente. (*Tira o dinheiro.*). Aqui está.

A VELHA LOUCA: Não, não é assim que funciona. Eu quero te ajudar e você me trata como se eu fosse uma mentirosa e você tira um barato com a minha cara. E além de tudo você joga…

O PAI: Pega a grana. Vamos lá…

(*O pai serve mais bebida.*)

A VELHA LOUCA: Estou com dor de cabeça. Me deixa em paz.

O PAI: Mirka, pega esse dinheiro.

A VELHA LOUCA: Não tenho nada para vender. Não gosto de lucrar com a desgraça alheia.

O PAI: Não faz mal, Mirka. É assim mesmo. Pega o dinheiro.

A VELHA LOUCA: Mil agora. E que me importa o que você pensa. Fomos jogados na merda de todo jeito. Você bem sabe que nada é de graça hoje em dia. Nós quisemos, nós também, entrar no capitalismo… E então o capitalismo chegou… E o capital são os restos mortais de nossos filhos. Obrigado, capital! Bom, agora vou embora.

O PAI: Setecentos agora.

(*A velha louca começa a bater com a cabeça na mesa.*)

A VELHA LOUCA: Trambiqueiro de merda! Ladrão de merda! Todo mundo me rouba, todo mundo! E além de tudo você joga ossos no meu jardim...

24

O pai está cavando um buraco na linha de fronteira.
O miliciano se agita de modo histérico em volta do pai.

O MILICIANO: Você não tem o direito! Você não tem o direito de cavar aqui! Aqui é a fronteira! Não se cava buraco na fronteira! A fronteira é sagrada! É proibido cavar buracos na fronteira. Você está procurando exatamente o quê? Você procura algo embaixo da fronteira? Você não tem o direito de fuçar por baixo da fronteira. A fronteira pertence ao povo! Você não tem o direito de se intrometer embaixo da fronteira do povo. A fronteira não é um lixo. A fronteira não é um buraco para se jogar lixo. A fronteira não é um espaço público. A fronteira é intocável! Eu o proíbo formalmente de pisar nessa linha branca! Eu o proíbo terminantemente de colocar os pés nessa fronteira. Deponha sua pá no chão. A fronteira não é uma horta. Não se vem para a fronteira com uma pá e um carrinho de mão. A fronteira é nossa dignidade! Não se atravessa a fronteira com um carrinho de mão. Não se passa sobre a linha branca com um carrinho de mão. Pare de cavar, eu estou dizendo! Para trás! Afaste-se da fronteira! Retire esse carrinho de mão da linha branca! (*O acesso de histeria atinge seu clímax. Ele começa a gritar e, um pouco depois, a chorar.*) Estou avisando que você está violando nossa fronteira, com sua pá e esse maldito carrinho de mão! Estou avisando que você está violando nossa fronteira ao ficar cavando buracos aí! Você está profanando um lugar sagrado, com seu carrinho de mão! Você está sujando a cara da pátria com esse buraco! Você está nos desfigurando. Você está ultrajando um povo inteiro, cavando buracos no rosto da pátria!

(*Ele soluça. O pai continua a cavar, como se não tivesse escutado nada. De súbito, sua pá bate num objeto duro. Ele cava um pouco mais com a pá e, em seguida, fica de joelhos, e continua a cavar com as mãos. O filho se aproxima e segura os ombros do miliciano que choraminga.*)

O FILHO: Já chega! Acalme-se... Esse é meu pai... Faz seis meses que ele me procura por todo lugar...

(*O filho e o miliciano se aproximam do pai. Ficam de pé atrás do pai, olhando-o cavar o buraco com suas próprias mãos.*)

Pai... Pai...

(*O pai para como se tivesse escutado as palavras do filho. Pega uma garrafa de* slibowitza *no seu mantô jogado no chão e bebe um gole.*)

Pai, ele é meu companheiro Kokaï.

(*O pai estende a garrafa a Kokaï.*)

Kokaï, conte a meu pai como você morreu.

O MILICIANO (*constrangido, um pouco como uma criança que fez uma besteira*)**:** Pisei numa mina.

O FILHO (*ao pai*)**:** É isso aí... Ele pisou numa mina... (*A Kokaï.*) Quando isso?

O MILICIANO: Faz dois dias...

O FILHO (*ao pai*)**:** Olha aí, só faz dois dias...

(*O miliciano bebe um gole e passa, em seguida, a garrafa ao filho.*)

O FILHO: Vamos lá, Kokaï, conte tudo a meu pai. E como você fez para pisar naquela porra daquela mina...

O MILICIANO: Bem, na verdade, eu estava colocando-a e...

(*O filho bebe um gole e passa a garrafa ao pai.*)

O FILHO: Escutou isso, pai? Ai, que merda! Ele explodiu com sua própria mina.

O MILICIANO: Sim.

(*O pai bebe um gole e põe a rolha. Coloca a garrafa no bolso de seu mantô.*)

O FILHO: É isso aí, papai... Ele se chama Kokaï. É meu irmão agora. (*A Kokaï.*) Você nasceu onde, irmãozinho?

O MILICIANO: Em Gorica.

O FILHO (*a seu pai*)**:** É isso aí... Nasceu em Gorica. E agora está estilhaçado por quarenta metros quadrados, de um lado e de outro da fronteira... Pai, será que você poderia recolher Kokaï e enviá-lo a Gorica?

O MILICIANO: Rua da Independência, número 46.

(*O miliciano começa a choramingar. O pai recomeça a cavar com suas mãos.*)

O FILHO: Pronto... Fique tranquilo, Kokaï... meu pai vai fazer alguma coisa por você... Venha aqui... Sente-se... (*Ele se acomoda no carrinho de mão.*) Você quer beber mais um gole? (*Kokaï faz sinal que não.*) Não? Bem, escute, agora a gente se acalma... Espere que meu pai termine...

(*O pai desenterra uma mochila enegrecida e puída pela umidade. Ele abre. É invadido subitamente por uma estranha luz.*)

O PAI: Yaminska! Yaminska! (*A mãe chega correndo.*) Eu o encontrei!

(*O pai tira da mochila uma gaita. Ele dá a seu filho. A mãe cai de joelhos diante da mochila. O filho começa a tocar a gaita, baixinho.*)

A MÃE (*chora debruçada na mochila*)**:** Vibko... Vibko, meu menino! Vibko!

O PAI (*para o filho*)**:** Eu te encontrei! Eu te encontrei!

(*Sobre o rosto da mãe rolam duas grossas lágrimas. O filho toca sempre baixinho a gaita. O pai tira de novo a garrafa de* slibowitza, *bebe um gole e em seguida passa a Kokaï. A filha faz sua aparição. Ela traz uma mala.*)

25

Na casa, a mãe está pondo a mesa.
O pai e a filha estão sentados.

A FILHA (*para a mãe que se recusa a olhá-la*)**:** Por que você está me fazendo isso? Por que você nunca olha pra mim? Desde que eu voltei, você não olhou pra mim uma única vez. Você não me dirigiu uma só palavra. Eu falo com você, mas você não me responde. Por quê?

Papai, sim, quando estamos sozinhos no pátio ou na floresta. Ele fala comigo, mas você faz de conta que não me vê. Como se eu não existisse.

Como se eu estivesse morta.

(*A mãe põe três pratos na mesa, sendo que o primeiro para o pai e o segundo para a filha.*)

Mas eu não estou morta. Estou aqui. Estou falando com você.

Por que você está tão brava comigo? O que é que eu fiz pra você ficar contra mim desse jeito?

(*A mãe traz comida. Serve primeiro o pai e depois a filha. Em seguida enche seu próprio prato.*)

Não sei por que você faz isso comigo. Você ainda é minha mãe. Nós estamos na nossa casa. A casa não ficou completamente queimada. A gente vai conseguir sair dessa.

(Todos os três começam a comer em silêncio. No pátio, alguém toca a gaita.)

Fim

25 BIS — OUTRO FIM POSSÍVEL

A filha numa casa vazia, sozinha à mesa. À sua direita uma cadeira vazia, à sua esquerda uma cadeira vazia. Três pratos e três copos d'água na mesa. Não é obrigatoriamente a casa de Vigan e de Yaminska.

A FILHA: Bom dia. /// Eu digo bom-dia e vocês não me respondem nada. Por quê?

///

Bom dia. /// Quando alguém fala bom-dia, tem que responder. Desde que voltei essa manhã, vocês não me olharam uma só vez. Vocês não me dirigiram uma única palavra.

///

Bom dia. /// Não peço a vocês para falarem comigo, mas me dá tristeza ficar falando bom-dia. E de ver que vocês não querem me responder.

Vocês fingem não me escutar.

Vocês fingem não me ver, e isso começa a me chatear. O que foi que eu fiz para ter levado vocês a se virarem contra mim?

De verdade, não tem sentido ficar zangados, contra mim. Quantas vezes eu vou ter que repetir?

///

Mamãe, desde que voltei, há três meses, você não olhou para mim uma só vez. Você não me dirigiu uma só palavra.

Papai, sim. Quando nós estamos sozinhos, no pátio ou na floresta, ele fala comigo em voz alta. Mas ele também não olha para mim, nunca. Por quê?

///

Vocês simplesmente nunca olham para mim e isso já começa a me chatear. Porque eu não fiz nada. As coisas são o que são. Não há mais nada a fazer.

De verdade, não tem sentido vocês ficarem chateados comigo. Quantas vezes vou ter que repetir isso?

De verdade, nunca esperei que isso acontecesse.

Vamos lá, me digam alguma coisa. Ainda sou filha de vocês. E a casa não está completamente queimada, a gente vai sair dessa...

(*Ela canta baixinho sua canção com palavras dificilmente identificáveis.*)

Fim

DADOS INTERNACIONAIS DE CATALOGAÇÃO NA PUBLICAÇÃO (CIP)
(CÂMARA BRASILEIRA DO LIVRO, SP, BRASIL)

Visniec, Matéi
A palavra progresso na boca de minha mãe soava
terrivelmente falsa / Matéi Visniec; tradução Luiza Jatobá. –
São Paulo: É Realizações, 2012. –
(Biblioteca teatral - Coleção dramaturgia)

Título original: Le mot progrès dans la bouche de ma mère
sonnait terriblement faux
ISBN 978-85-8033-081-6

1. Teatro francês (Escritores romenos) I. Título. II. Série.

12-01891   CDD-842

ÍNDICES PARA CATÁLOGO SISTEMÁTICO:
1. Teatro : Literatura francesa   842

Este livro foi impresso pela Gráfica Vida & Consciência para É Realizações, em julho de 2012. Os tipos usados são da família Sabon LT Std e Helvética Neue. O papel do miolo é alta alvura 90g, e o da capa, cartão supremo 250g.